COUP DE GUEULE CONTRE LES CALOMNIATEURS DE LA SERBIE

Du même auteur

Romans
Les petits maux d'amour, Folio.
Je sais des histoires, Le Rocher et Pocket.
L'école des absents, Albin Michel.
Lettre à un ami perdu, Albin Michel.
Vous n'auriez pas vu ma chaîne en or ? Presses de la Renaissance.
Nostalgie de la princesse, Le Rocher et Pocket.
Dara, Albin Michel et Point-Roman.
La maison du jeune homme seul, Albin Michel.
La statue du Commandeur, Albin Michel et Livre de Poche.
La Paresseuse, Albin Michel et Livre de Poche.
Julius et Isaac, Albin Michel et Livre de Poche.
La femme riche, Albin Michel.

Récits et Nouvelles
Ah ! Berlin et autres récits, Folio.
Les années Isabelle, Le Rocher.
L'argent du Parti, Le Temps des CErises.
Le viol de Mike Tyson, Albin Michel.
Le Dîner de filles, Le Rocher.

Essais
Insolences, Albin Michel.
Salade russe, Orban, épuisé.
La vie quotidienne de Patrick Besson sous le règne de François Mitterrand, Albin Michel.
Souvenir d'une galaxie dite nationale-bolchevique suivi de *Gauche, droite ?* Le Rocher.

Théâtre
La chute de Saigon, Messidor, *épuisé*.
Théâtre choisi, Fixot.
Pas trop près de l'écran, Le Rocher, avec *Éric Neuhoff*.

Anthologie
Noces, Fixot.

Avec Danièle Thompson
La Boum, Pocket.

Patrick BESSON

COUP DE GUEULE CONTRE LES CALOMNIATEURS DE LA SERBIE

Éditions Ramsay
103, boulevard Murat – 75016 Paris

Directeur de collection
Jean-Claude Gawsewitch

Dans la même collection

Coup de gueule contre l'exclusion
Jacques Gaillot

Coup de gueule contre la Grossophobie
Anne Zamberlan

Coup de gueule contre la Technocratie
Marie-Noëlle Lienemann

Coup de gueule contre un valet de pique
Luc de Goustine

Coup de gueule pour l'amour des femmes
Elula Perrin

Pour Mira

CRÉON. – Tu es seule, à Thèbes, à professer de pareilles opinions.

ANTIGONE, *désignant le chœur*. – Ils pensent comme moi, mais ils se mordent les lèvres.

Sophocle.

I

PAUL MORAND EST BOSNIAQUE

Il y aurait un roman ou un poème à faire sur la haine du printemps chez les femmes de l'Antiquité, puisque le printemps est la saison de la guerre bien davantage que celle de l'amour. La saison de l'amour c'est l'hiver, quand la neige recouvre les armes et que l'homme et la femme se pelotonnent sous une peau de bête, dans une paix d'autant plus exquise qu'ils la savent éphémère. C'est l'hiver qu'on fait des enfants ; au printemps, l'ennemi vous les tue.

À l'heure où j'écris ces lignes, l'offensive musulmane et la contre-offensive serbe se préparent en Bosnie. À l'heure où ces lignes paraîtront, les deux opérations auront ou n'auront pas eu lieu, auront donné l'avantage ou la victoire à l'un ou l'autre camp. Ce qui est certain, c'est qu'il y aura eu des morts des deux côtés. Il est connu que dans une guerre les morts ne se comptent pas en fonction des simples règles arithmétiques mais en fonction de règles politiques beaucoup plus complexes et il y a fort à parier que les morts serbes pèseront moins lourd que les morts musulmans dans la balance médiatique. L'Occident a même tendance à croire que les Serbes ne meurent pas vraiment. Tout ce que ces types-là savent faire, c'est du nettoyage ethnique et violer soixante mille musulmanes. Leur mort semble improbable, absurde, inimaginable. Une manipulation du FSB, ex-KGB. Depuis le début de la guerre, seul le Musulman a le droit de mourir, l'orthodoxe devant se contenter du droit de tuer.

Dans *L'Humanité* du jeudi 6 avril 1995, le chanteur Renaud déclare : *« Je reviens* [de Mostar] *farouchement pro-bosniaque. Quand il y a cent mille morts d'un côté et vingt mille de l'autre, il faut choisir son camp. Je suis parti là-bas sans comprendre, sans jugement manichéen, je suis revenu, j'ai compris.* » Renaud ne s'est donc pas contenté, lors de son séjour en Herzégovine – car Mostar ne se trouve pas en Bosnie mais en Herzégovine, dont c'est la capitale administrative, Sarajevo étant celle de la Bosnie – de donner un concert – *« sans caméra ni journaliste »*, précise-t-il, fiérot –, il a aussi compté les morts serbes et bosniaques. Ça lui a pris pas mal de temps, j'imagine. Cent mille d'un côté, vingt mille de l'autre. Plus les concerts. Il n'a pas dû dormir beaucoup. Par surcroît, il s'est donné la peine de tomber sur un compte rond. Que dis-je : deux comptes ronds ! Sur des chiffres aussi considérables, c'est exceptionnel. Soulignons que lui, contrairement à beaucoup d'autres, il a tout de même trouvé des morts serbes. On se demande comment il a fait, car le mort serbe, de nos jours, il faut le dénicher, ce n'est pas un jeu d'enfant. Vingt mille, ce n'est pas terrible, c'est ce qui s'appelle un score modeste. Il paraît insuffisant à Renaud, et en tout cas bien au-dessous du score bosniaque. Cent mille morts, ça vous a une autre tenue que vingt mille. Là-dessus, le chanteur est formel : *« Quand il y a deux cent mille morts d'un côté et vingt mille de l'autre, il faut choisir son camp. »* C'est-à-dire qu'il faut choisir le camp où il y a le plus de morts. Les Bosniaques ayant plus de morts que les Serbes – il le sait bien, Renaud, puisqu'il les a comptés, les morts –, ils sont meilleurs que les Serbes. Moins méchants. Plus cool. Plus artistes. Plus démocrates. C'est ce que Renaud appelle un jugement *pas manichéen.* Ce choix pro-bosniaque, d'ailleurs, il l'a fait en restant avec des Bosniaques, sans jamais aller du côté serbe, ni interroger aucun Serbe. Pas manichéen et pas très renseigné non plus. Deux hommes se battent dans la rue. À la fin, le premier a un œil crevé, l'autre en a deux. On va par conséquent, quand on est un chanteur de gauche, défendre le deuxième homme, et même, en son nom, attaquer son adversaire, tenter par exemple de lui crever l'autre œil. Au pays des aveugles, les chanteurs sont rois.

L'ennui avec les bons sentiments, c'est qu'ils conduisent droit aux mauvais. Les Français se sont mis à aimer tellement les Bosniaques, ce qui n'a rien de répréhensible, au contraire, qu'ils en sont venus à haïr les Serbes. Ils ne savent d'ailleurs pas bien qui ils sont, ces fichus Serbes. Tant mieux. C'est plus facile de haïr ce qu'on ne connaît pas. Il y a bien sûr les souvenirs de la Grande Guerre que racontent leurs grands-pères – mais la plupart des grands-pères sont morts, en tout cas ceux qui ont fait 14-18. On ne sait pas qui sont les Serbes, mais on sait qu'ils sont mauvais, puisque les Bosniaques sont bons. Dans une guerre, il ne peut pas y avoir que des bons ou que des mauvais. Ce serait contraire à toutes les lois, écrites ou non écrites, de Hollywood. Élevés par les séries TV américaines qu'ils avalent avec une morne délectation depuis plus de vingt ans, les Français refusent de croire que, les Bosniaques étant bons, les Serbes ne sont pas mauvais.

Pourquoi donc deux peuples vivant sous le même climat, dans la même région, *dans le même pays*, sous le même régime politique, avec en gros les mêmes habitudes culturelles, se sont-ils séparés sur une question aussi importante que le Bien et le Mal, les Bosniaques se revêtant du Bien comme d'une chasuble mordorée et les Serbes endossant le Mal comme un manteau de cuir noir de la Gestapo ? Les Français l'ignorent mais le fait est là et toute personne tentée de le nier, ou de le mettre en doute, sera aussitôt rangée avec les Serbes dans le même tiroir maudit où on entasse les peuples à déshonorer et à occire. C'est le fameux tiroir du bouc émissaire. Le Français, affalé devant son poste de télévision, fait non de la tête avec obstination, résiste à tous les arguments, tente de se souvenir d'une image forte que lui a montrée le dernier journal télévisé de TF1, ou de France 2, ou de Canal+, et répète, dans sa barbe de huit jours auréolée de morceaux de chips et de mousse de Kronenbourg : méchants Serbes ! méchants Serbes !

Comment en est-on arrivé à faire haïr autant, par une majorité de Français, un peuple francophone, pour ne pas dire francophile, chrétien et allié, pour ne pas dire ami, de notre pays lors des deux plus grands conflits du XXe siècle ? Il n'y a là, de ma part, aucun reproche à l'encontre de qui que ce soit. L'information et surtout la désinformation participent, depuis la prise de Troie par le cheval d'Ulysse, de l'art de la guerre – et il est aussi vain de se choquer du mensonge en temps de guerre que de réprouver la pluie qui tombe en temps de paix. La victoire médiatique des Bosniaques sur les Serbes doit être saluée en tant que telle. Organisée par deux agences de relations publiques de Washington [1], ce fut une magnifique campagne éclair, digne des plus belles épopées napoléoniennes, qui prit tout le monde de court ; une *blitz krieg* qui laissa stupéfaits et pantelants les défenseurs de

1. Ruder Finn et Hill Knowlton. *(N.d.A.)*

la Serbie et surtout les quelques observateurs objectifs, ou essayant de l'être, du problème yougoslave. Certains s'ébrouèrent, de honte ou de rage. On les acheva discrètement, en deux coups de cuiller à télévision. C'était décidé, avéré, légiféré : le Bien était bosniaque et le Mal serbe. D'un conflit trouble et diversiforme, où le passé est presque plus important que le présent, on a réussi à faire une géante partie de Nintendo. Des philosophes parlent de la guerre en Bosnie comme la productrice Dorothée résumerait, pour son jeune public de l'après-midi sur TF1, un épisode d'un dessin animé japonais : les Bosniaques sont des gens mignons, qui ne mangent même pas de cochon tellement ils aiment les animaux ; ils vivent dans une jolie ville et, à quatre heures et demie de l'après-midi, vont chercher leurs enfants à la sortie de l'école ; dans la forêt, il y a des monstres appelés Serbes qui tirent des coups de feu sur les Bosniaques et leurs enfants ; il faut que l'Europe envoie ses avions pour bombarder les Serbes dans la forêt afin que les Bosniaques puissent ramener tranquillement leurs enfants chez eux, sinon ça voudrait dire qu'il n'y a pas d'Europe et que les politiciens sont des nuls, na ! Cette vision mi-Babar, mi-Rambo du conflit prévaut aujourd'hui aussi bien dans les salons parisiens que dans les salles de séjour de banlieue.

Paris était naguère une ville philoserbe, où les Belgradois émigrés de toutes les générations étaient reçus dans les foyers bourgeois avec faste. Je les revois, élégants et stylés, au vernissage, rue de Seine ou rue Bonaparte, d'une exposition d'un de leurs compatriotes. À Paris, le Slovène était rare et le Croate discret. Quant au Bosniaque, on ne savait même pas ce que c'était. Il n'y en avait que pour les Serbes. Ça en devenait agaçant. J'en avais même assez de porter ma mère croate sur le dos. J'aurais voulu, moi aussi, avoir des origines serbes, c'est-à-dire antinazies et démocrates. Maintenant qu'on a blanchi les Croates et noirci les Serbes, maman et moi on prend un peu de bon temps, ça ne nous fait pas de mal, surtout à elle. Les Serbes, alors, avaient une façon bien à eux de critiquer le régime politique de la Yougoslavie sans le critiquer tout à fait, de se moquer du capitalisme tout en reconnaissant ses mérites. Ils étaient subtils, élégants, bien coiffés. Leurs maîtres à penser, j'ai le regret – et, je l'admets, la cruauté – de le leur rappeler, étaient ces mêmes intellectuels qui les traitent maintenant d'ennemis du genre humain, voudraient les mettre en prison, rétablir la peine de mort rien que pour eux. C'était l'époque où tout rapprochait les Serbes de la France : l'Histoire, l'esprit, la politesse, le raffinement, la littérature. Les Serbes, à Paris, étaient chez eux – comme l'avaient été leurs parents et leurs grands-parents. Soudain, patatras ! En quelques mois, tout fut chamboulé. Les Serbes devinrent des brontosaures, des dinosaures, des tyrannosaures. C'était *Serbic Park*. Le bon moyen de rompre avec une petite amie encombrante était de lui dire, sur un ton de préférence désinvolte, voire avec un sourire complice : « Ce soir, je dîne avec un Serbe. » Si ça ne suffisait pas, il fallait essayer le décourageant : « Ce soir, je dîne avec *plusieurs* Serbes. » Au cas où la fille hésitait encore à s'en aller, on achevait la besogne en disant : « Ce soir, je dîne avec *plusieurs* Serbes, dans un restaurant *serbe*. »

Alors, il sembla que les Serbes de Paris rentrèrent sous terre. Eux, si courageux à Ravna Gora, se virent perdus à Saint-Germain-des-Prés. C'est une chose de prendre une balle d'un ennemi dans le ventre mais c'en est une autre de recevoir une gifle de sa mère, surtout devant tout le monde. Enfants de Paris, les Serbes se sentirent grondés. Dans la guerre de la rue des Saints-Pères et de la rue Sébastien-Bottin, ils ne surent pas prévenir les embuscades, manquèrent d'à-propos dans la fuite, tirèrent à côté et furent évacués dans la panique. Aujourd'hui, ils mâchonnent leur amertume et leur mal de vivre dans des cafés pas à la mode, étonnés que des Français – bientôt punis par le reste de la communauté nationale pour cette transgression inouïe à l'antiserbisme ambiant, sinon d'État – s'arrêtent pour leur serrer la main et faire un brin de causette avec eux. Règne, à Paris, l'ordre bosniaque. On découvre que le Bosniaque est tolérant, plein d'humour, lettré. Le Bosniaque sobre, contrairement au Serbe bourré, est un bon soldat, mais aussi un bon père, un bon mari, un bon amant, un bon copain. C'est surtout un Européen et un démocrate, quand le Serbe est un Asiatique et un nazi. On admire les peintres bosniaques, les cinéastes bosniaques, les écrivains bosniaques. Les expressions *histoire bosniaque* et *culture bosniaque* ont fait leur apparition dans les conversations courantes. Le Bosniaque est le mètre-étalon, la pierre d'angle, la référence de la culture européenne. Plus un seul symposium ni une seule revue n'est possible sans – au moins – un ou deux intervenants bosniaques. Sarajevo est devenue à la fois l'Athènes de Périclès, la Rome d'Hadrien et la Vienne de François-Joseph. Tout part de Sarajevo, tout passe par Sarajevo, tout revient à Sarajevo. La capitale de la Bosnie a relégué Belgrade au rang de bourgade nauséabonde, repaire de tueurs psychopathes et de paysans sadiques venus vendre sur le marché Kaleni œufs frais et litres de lait volés à d'innocents Musulmans. L'esprit vagabond et internationaliste cher à Larbaud et à Nabokov ne peut désormais plus se concevoir ni s'expliquer sans prendre en considération l'apport bosniaque. Le Serbe est un bouseux qui ne sait même pas parler sa propre langue alors que le Bosniaque, seigneur polyglotte des sleepings, a une vision à long terme du destin de l'Europe et des nouvelles autoroutes de la communication. Paul Morand est bosniaque !

II

UN PEU D'HISTOIRE MAIS PAS TROP

II

UN PEU D'HISTOIRE MAIS PAS TROP

De 1981 à 1985, préparant puis écrivant *Dara*[1], j'ai passé beaucoup de temps à étudier l'histoire de la Yougoslavie. À cette occasion, je rencontrai les Serbes de Paris dont je parle dans les pages précédentes. Je me retrouvais, quarante ans plus tard, dans la même situation que ma mère : Croate parmi les Serbes. Merveilleuses soirées du milieu des années 80, où je pouvais enfin parler de littérature chez des gens sans que ça ennuie tout le monde ! Ce qu'il ne fallait pas, c'était aborder la question du communisme. On en avait alors pour des heures à se disputer. Ils

1. Albin Michel éd. *(N.d.A.)*

étaient tous anticommunistes, mes amis serbes. Peut-être le sont-ils moins aujourd'hui. Qui a dit déjà que le communisme c'était la paix ? La paix en Yougoslavie, du moins.

Après avoir terminé mon roman, je n'eus qu'une envie : oublier la Yougoslavie. Elle m'avait trop tarabusté, jour et nuit, pendant quatre ans. Je ne me doutais pas qu'elle allait, affublée du vilain préfixe *ex*, tarabuster les téléspectateurs du monde entier pendant bien plus longtemps. Je ratai le début de la guerre comme on rate le début d'un film. Dès que je voyais le mot « Yougoslavie » dans un journal, je ne lisais pas l'article. La « bosniaquomania » de mes compatriotes ne m'énervait même pas. Tout juste si, à certains moments, je n'étais pas, comme eux, favorable à une intervention armée de l'ONU autour de Sarajevo. Et puis merde, qu'on en finisse ! Envoyez-moi tous ces gens-là au trou ! Il n'y avait rien à en tirer, de toute façon. Faits à la šlivovitz dès neuf heures du matin. Chaque fois que je revenais de vacances, c'était la même chose : j'allumais la télé et je voyais quoi ? un type ou une bonne femme, avec un panier à provisions, traverser une rue de Sarajevo en courant afin d'échapper aux *snipers*. C'était lassant comme programme. Ils auraient pu nous le changer. Je comprenais l'impatience des téléspectateurs : il ne se passait pas grand-chose dans ce téléfilm. Un peu d'action, bon Dieu ! Envoyez-nous quelques hélicos, des bombardiers, des paras. Que ça bouge, quoi ! Nos penseurs germanopratins, qui aiment eux aussi le mouvement, n'en pouvaient plus de cet immobilisme. On se serait cru dans un film d'Eustache, de Pialat, de Rohmer. Une balle, un mort. Silence. Une coupure d'électricité. Une coupure d'eau. Un plat de nouilles de l'ONU. Une balle. Un blessé. La panne d'un véhicule blindé de l'ONU. Silence. Un passant qui traverse la rue, indemne. Une distribution de colis de Médecins Sans Frontières. Silence. Etc. C'était intenable. Les petits gars voulaient du Hawks, du Spielberg, du Eastwood ! Ils n'étaient pas loin, ces américanophiles patentés, de cracher sur la Maison Blanche parce qu'elle leur refusait la superproduction de leurs rêves, un *remake* européen, donc plus classe, plus intello, de la guerre du Golfe.

Je reconnais, non sans gêne, que les premières manifestations antiserbes ne m'ont guère ému. Les Serbes m'avaient assez emmerdé avec Tito au cours de leurs charmants et délicieux dîners végétariens – car mes Serbes à moi étaient végétariens, oui – pour que ce soit un peu leur tour d'être dérouillés. Je me frottais même les mains. Dans la rue, je les alpaguais d'un jovial : « Toujours pote avec Glucksmann ? » Ces crétins me tiraient la gueule. Et puis, ça a été trop. Je déteste l'unanimité, surtout quand c'est l'unanimité contre quelqu'un. Quand la plupart des gens disent qu'une personne est infréquentable, c'est qu'elle est fréquentable, car la plupart des gens sont infréquentables. Mathématique. Dans une chasse aux sorcières, on me trouvera du côté de la sorcière, surtout si elle est bien roulée – car elle est innocente. De ce dont on l'accuse, en tout cas.

Il était une fois la Yougoslavie. C'était un long et riche pays, couché avec nonchalance le long de la mer Adriatique. Les gens y faisaient beaucoup l'amour. Oui, beaucoup. Trop, peut-être. Ils étaient désinvoltes, fainéants, acariâtres. Ils avaient tenu tête à Hitler et à Staline et considéraient donc que pour le XXe siècle ils en avaient assez fait, ils attendaient le XXIe pour s'y remettre. L'été, les hommes se tapaient des Suédoises et les femmes des petits gâteaux (aux noix et à la confiture). Ils avaient un papa maréchal, très gros et très bien habillé : Tito. Il possédait beaucoup de châteaux et de chapeaux. Il chassait l'ours et la donzelle. Ses proches collaborateurs l'adoraient et le détestaient, ce qui est la moindre des choses. Il est décédé après une agonie de cinq mois, car il ne faisait rien simplement. Après son enterrement, la Yougoslavie est devenue un mouroir. Tout le monde a manifesté pour son indépendance. Les Croates voulaient être entre

Croates, les Slovènes entre Slovènes, les Albanais entre Albanais, etc. Le nationalisme commence par l'amour de son peuple et finit par le massacre de son voisin. Quand les gens n'ont plus d'idée, ils revendiquent leur identité. Les années 80 sont, en Yougoslavie, une explosion de bêtise morbide à laquelle l'Occident, obsédé par son argent et sa bonne santé, ne prend pas garde. Les Yougoslaves entrent, certains – les meilleurs – à reculons, dans une scène de ménage à huit (Croatie, Serbie, Monténégro, Vojvodine, Slovénie, Bosnie-Herzégovine, Kosovo, Macédoine), sorte de partouze à l'envers où le jeu consistait à se faire mal. Au moment du divorce, les avocats ne seront pas là. Comme par hasard. À croire que beaucoup de gens avaient envie, en Europe, qu'il n'y ait plus de Yougoslavie. Il faut dire qu'il est tentant à dépecer, l'héritage du vieux Josip Broz. Pas dégueus, la vieille ville de Dubrovnik, les bouches de Kotor, l'île de Krk. Très constructible, tout ça. Un obscur avoué allemand, à qui on ne demandait rien, s'est contenté d'entériner le départ de la

Croatie et de la Slovénie. Les problèmes ont vraiment commencé avec le partage des meubles bosniaques.

Le voilà seul, le Serbe, abandonné de sa femme et de ses amis, en proie à l'hostilité générale, seulement soutenu dans cette épreuve par sa vieille cousine célibataire le Monténégro. Qu'a-t-il fait pour mériter ça ? Il affirmera, lui, que pour sauver le concept de Yougoslavie – concept croate, se hâtera-t-il de préciser dans un souffle fortement parfumé d'oignon et d'alcool de prune –, il a été trop coulant. Cette idée de fédération n'était pas bonne. Il aurait fallu construire la Yougoslavie centralisée comme Bismarck a construit l'Allemagne et Cavour l'Italie au lieu de faire concession sur concession aux nationalités. User de la force. Balayer les susceptibilités. Que tout le monde entre dans le moule. Un seul alphabet. Ç'aurait pu être un merveilleux pays, si merveilleusement situé. La route de la Grèce, de Jérusalem, de la soie. Ports et autoroutes. Plages et usines. Le Serbe n'est pas content. Il se sent floué, ruiné. Il se demande comment, dans un monde qui le voue aux gémonies, il va gagner sa croûte.

Le 23 décembre 1991, l'Allemagne reconnaît la Croatie et la Slovénie. C'est un acte de guerre contre la Yougoslavie, qui évidemment ne va pas déclarer la guerre à l'Allemagne, alors elle la déclarera à elle-même. Quand on ne peut pas s'en prendre à l'ennemi, on s'en prend à soi-même. Les morts qui s'amoncellent aujourd'hui en Bosnie portent l'estampille *Made in Germany*. Qui est l'agresseur en Bosnie ? Berlin. Il y aura un deuxième procès de Nuremberg, je le jure, et Helmut Kohl en sera l'accusé vedette. Il a intérêt à se suicider dans sa cellule, car la sanction sera lourde. Il est sot de croire que la défaite des Allemands en 1945 ne leur a laissé que des remords. L'esprit de vengeance n'est pas réservé à certaines régions reculées de Corse ou du RPR. Dans l'action décisive et meurtrière qui consistait à reconnaître unilatéralement l'indépendance de la Croatie et de la Slovénie – un peu comme si la Bretagne et la Normandie, se séparant de Paris, étaient aussitôt reconnues par le Royaume-Uni ou l'Espagne, puis par le reste de la CEE –, il ne faut pas voir seulement le désir, depuis longtemps affirmé, qu'ont les Allemands de transformer la côte dalmate en une Côte d'Azur germanique, mais aussi et surtout la volonté secrète et farouche de faire expier à l'Europe cinquante ans d'occupation militaire (j'ai moi-même, au 1er régiment de spahis, occupé l'Allemagne d'août 1978 à juillet 1979 et en ai retiré une vive satisfaction), et de honte politique.

Que les pays arabes soutiennent financièrement, militairement et politiquement les Bosniaques, Européens du Sud souhaitant créer un État islamique à quatre cents kilomètres de Vienne, ne doit pas non plus nous surprendre mais devrait peut-être faire réfléchir les pro-Bosniaques et antiserbes bien intentionnés qui, par ailleurs, combattent à cor et à cri l'intégrisme algérien. L'Europe et les États-Unis sont bien naïfs d'imaginer que le massacre des enfants palestiniens de Gaza et de Cisjordanie pendant plus de dix ans et l'écrasement atroce, en 1991, de l'Irak, n'ont laissé que des traces légères, de vagues souvenirs dans l'esprit de centaines de millions de musulmans. Comme les Allemands, ils se vengeront – et l'aide au SDA, le parti d'Alija Izetbegović, est un maillon de cette vengeance, qui sera terrible, puisqu'elle sera juste. Contrairement à ce que croyait Dostoïevski, il n'y a rien qui fasse plus mal que les châtiments qu'on mérite. La politique des grandes puissances au cours des dernières décennies n'a été qu'une humiliation voulue, concertée et répétée du monde arabe. L'intégrisme islamiste est le résultat attendu – espéré ? – de cette politique. Aux Arabes à qui on a tout pris, surtout l'honneur, il ne reste rien que la religion et, bien sûr, comme ils n'ont que ça, ils en abusent. Quand on ne laisse rien à quelqu'un, il ne faut pas lui laisser la vie non plus, car il va passer le reste de son temps à empoisonner la nôtre. Cela dit, de même qu'aux États-Unis les principales victimes de la criminalité des Noirs sont les Noirs eux-mêmes, raison sans doute pour laquelle le gouvernement américain fait si peu de choses pour la réduire, ceux qui souffrent le plus de l'intégrisme islamiste ne sont pas les Européens mais les Arabes. Pour un père blanc tué, combien de fils marrons assassinés ?

III

LE TOUX SUR LE TOUX

Patrice Le Toux est le chef de Première Urgence. Ancien marin et ancien policier, il a trente-cinq ans et pèse une centaine de kilos. C'est un bon gars bien de chez nous, troisième ligne de rugby. Un des « boss » de l'humanitaire en ex-Yougoslavie. Il n'aime guère que les publicistes et autres « touristes » viennent lui manger la laine médiatique sur le dos : « *Le terme de "touristes" étant celui que nous employions entre nous, "hommes de terrain", pour désigner la cohorte de journalistes, de photographes, d'écrivains... en mal de sensations.* » Tout n'est pas rose au pays de la solidarité internationale pour Sarajevo. Il y a des clans et ils se tirent dans les pattes. D'un côté les journalistes, de l'autre les écrivains, plus loin les médecins, plus loin encore les « assosses » humanitaires...

Dans *Otages des Serbes*[1] de Patrice Le Toux et Jean-François Knidler (qui a écrit le livre, mais dont le nom ne figure pas sur la couverture, ce qui n'est guère humanitaire), on apprend dès la page 15 que les Serbes confisquent à leur profit la moitié des colis destinés aux Bosniaques. Est-ce que vous saviez ça, mesdames de Poitiers et de Livry-Gargan, lorsque vous faisiez votre chèque rituel, déductible des impôts, pour la Bosnie ? 50 % de vos cent, mille ou dix mille francs vont tout droit dans la poche des épurateurs ethniques. Et on dit que l'humanitaire ne sert à rien. Il sert au moins à entretenir les guerriers, c'est-à-dire la guerre. Ce n'est qu'un juste retour des choses, d'ailleurs. S'il n'y avait pas de guerre, il n'y aurait pas d'associations humanitaires, et alors comment pourraient-elles toucher des dons privés et les

1. TF1 éditions. *(N.d.A.)*

subventions – substantielles – de la CEE ?

Patrice Le Toux, justement, se plaint des associations qui acceptent le racket des Serbes, c'est-à-dire toutes les associataions – « les assosses », comme il dit – sauf la sienne. Il les méprise. Furax, il est, Le Toux. « *Ainsi, de retour en France, ils ont pu dire : "Nous sommes allés à Sarajevo." Ceux-là, c'étaient des rigolos.* Des humanitaires du dimanche[2]. » Entre « assosses », la concurrence est aussi rude qu'entre Hédiard et Fauchon, Peugeot et Renault, Cabrel et Bruel. On ne se fait pas de cadeaux et on ne ménage pas ses critiques sur les uns et les autres. « *En 1993, Équilibre resta de nombreux mois sans faire entrer un convoi alors que nous passions régulièrement. Notre réussite ne plaisait pas et faisait des jaloux.* »

Il l'aime, Le Toux, son convoi. Ça le grise un peu, il l'avoue volontiers, de se retrouver à la tête de tous ces camions. « *Dans la pénombre, les moteurs ronflent tranquillement.*

2. C'est moi qui souligne. *(N.d.A.)*

Les uns après les autres, les chauffeurs allument les phares. Un écran de fumée dégagé par les pots d'échappement donne à cette image un reflet magique. Et tout d'un coup, les camions se mettent en route, brisant la quiétude de la scène, pour se placer les uns derrière les autres à la sortie de ce garage en plein air. C'est comme une troupe d'éléphants dont je serais le cornac. » Le départ du Paris-Dakar, à côté, ressemble à une course de patinettes. Les humanitaires seront quelques-uns à avoir couché avec la Bosnie. Patrice, comme tout grand chef, a des rites : « *Je sais que je ne monterai jamais en voiture pour prendre le départ d'un convoi sans ma casquette rouge !* » Il n'est pas non plus insensible à la beauté du paysage : « *Et là, pendant plus de cent kilomètres, on longe la mer Adriatique. Le décor est superbe.* » Notons l'emploi du mot « décor », comme si, pour les animateurs des « assosses », l'ex-Yougoslavie était devenue une scène de théâtre ou un plateau de cinéma sur lesquels ils viennent jouer les baroudeurs romantiques avant de rentrer, pas mécontents d'eux, en Languedoc ou en Roussillon, et prendre la direction de l'entreprise familiale ou acheter une licence de chauffeur de taxi. Le Toux n'avoue-t-il pas, page 22 : « *Je ne peux m'empêcher de penser au film* Apocalypse Now *lorsque le capitaine Villard remonte le Mékong au cœur du Viêt-nam* » ? Il se rengorge : « *Bien peu de gens en France peuvent se vanter de faire un aussi beau métier que le nôtre.* » Et d'ajouter, des larmes d'émotion dans le stylo de son nègre : « *Chaque instant que nous vivons est un privilège : il faut en être digne.* » *Digne* au singulier, digne comme Le Toux, et Le Toux, seul. Plus loin, une remarque intéressante : « ... *Le monde humanitaire se compose essentiellement de "fuyards", d'hommes et de femmes qui veulent échapper à eux-mêmes, qui fuient un présent pour se réfugier dans le malheur d'autrui.* » Le Toux avoue ensuite, avec bonhomie : « *Pour ma part, j'en avais assez de mon quotidien, de la routine. J'avais voulu changer, voir d'autres horizons et, si possible, aider les gens. L'humanitaire avait répondu à toutes mes espérances.* »

Parti de Croatie, Le Toux arriva sans encombre à Sarajevo avec ses camions. C'est encore plus chicos, d'après lui, que d'entrer au Régine's avec Karen Mulder ou au Club 13 avec Céline Dion : « ... *entrer dans Sarajevo* est un privilège[3]. *En parler en France suscite toujours de l'admiration, des questions... comme si nous entrions dans l'Histoire ! Et à chaque fois j'éprouve la même sensation de fierté.* » La guerre en Bosnie a tout de même un aspect positif : elle a fait entrer Patrice Le Toux à Sarajevo et donc dans l'Histoire. Voilà sans doute pourquoi, dans le cahier photo d'*Otages des Serbes*, Patrice nous livre un cliché de lui à six mois – nez rond, rire jovial, houppette – qui ne présenterait aucun intérêt historique si, précisément, Le Toux ne l'était pas devenu, historique. On a également droit à une photo de Le Toux à cinq ou six ans, devant un sapin de Noël. Que fait-il ? Il conduit un camion miniature. Le destin. Ce que c'est que de nous.

3. C'est moi qui souligne. *(N.d.A.)*

Le Toux nous ouvre, avec un orgueil calme et un peu grognon, son *press-book* : « *... un journaliste* [...] *publiera par la suite un article en parlant de moi en ces termes : "Bâti comme un ours chaleureux et 'grande gueule', le chef du convoi : Patrice Le Toux, est devenu en huit mois un habitué de la Bosnie. Avec sa barbe, sa casquette rouge et son rire retentissant, on l'identifie de loin..."* »

Départ pour Mostar : « *... nous nous trouvons à huit heures au check-point à l'entrée de Mostar. Devant nous : Harmonie internationale. Derrière nous : un convoi de trois camions néo-zélandais Bread the Children.* » Ce qui s'appelle se bousculer au portillon. L'ex-Yougoslavie, c'est devenu la place de la Concorde à six heures du soir, un vendredi, quand les voies sur berges sont interdites à la circulation pour cause de crue de la Seine. Et ça se passe souvent mal. Pas beaucoup d'harmonie internationale, justement. « *... Plusieurs kilomètres après Mostar, à notre grande surprise, on retrouve le convoi néo-zélandais. Ils avaient menti* *aux UN*[4] *sur leur destination. Tout ça pour être les premiers au bac. Nous ne l'acceptons pas ! Je gueule dans la radio : "Allez, on les double." Je dépasse le convoi et Rudy me suit. Ils n'ont pas le temps de réagir. Mais lorsque Claude tente de nous emboîter le pas, le dernier camion néo-zélandais se met en travers et l'empêche de passer. Sur près de vingt kilomètres, ils nous barrent la route. Les camions zigzaguent. Une véritable course-poursuite. Nous roulons à fond, eux aussi. Les roues dérapent sur le bas-côté de la chaussée...* » Ouh là, ça chauffe à Première Urgence. Les épiciers *new look* de la solidarité internationale n'aiment pas qu'on leur marche sur les pieds ni qu'on leur passe devant. Pour être humanitaire, on n'en reste pas moins routier. « *Arrivés au bac devant les UN espagnols, je sors de ma voiture, attrape le chef du convoi, le tire de son véhicule et lui balance une droite en plein visage.* » Le Dr Kouchner est demandé sur place pour les premiers soins.

Arrêtés par les militaires serbes, les

4. United Nations, ou ONU. *(N.d.A.)*

baroudeurs de Première Urgence commencent à déprimer, surtout quand on découvre des armes cachées dans leurs camions. Ces armes, Le Toux assure que les Serbes les y ont placées eux-mêmes. Les camions sont confisqués et les humanitaires emprisonnés. « *De l'unique vitre presque entière, nous voyons défiler devant nous nos Unic aux couleurs de la Communauté européenne... et ma voiture. C'est une partie de nous que l'on nous retire.* » Le Toux sans ses camions, c'est Mozart sans son piano. Il se sent perdu, abandonné. Sa haine des Serbes ne fait que croître. De tous les Serbes. Tiens, par exemple, l'interprète : « *... il a vraiment une tête qui ne me revient pas : un museau de fouine, le nez fin et long, les yeux sournois, de traître. Je l'imagine très bien en agent double, faux cul, quoi !* »

Les humanitaires font le compte de ce qu'ils ont à lire : deux livres de Pierre Bellemare, un point c'est tout. Pas terrible. Ils auraient quand même pu penser à prendre, avant de quitter la France, un petit Finkielkraut chez Arléa, un Lévy en Livre de Poche, un Bruckner en Point-Seuil, un Kouchner en France-Loisirs. Mais non : Bellemare. Ah, c'est étourdi, l'humanitaire. Ça ne profite pas des occasions de s'instruire. Par surcroît, la nourriture est mauvaise. « *Le pain, le corned-beef et le lait caillé passent difficilement.* » Ils finissent par s'engueuler comme du poisson pourri. Ils se tapent dessus. Les Serbes, bons princes, les mettent dans deux cellules différentes. Il faut comprendre les hommes de Le Toux : la pression psychologique, plus le corned-beef, plus Bellemare...

Un sourire ému au coin des lèvres, Le Toux raconte qu'à l'époque les journalistes croates écrivaient mensongèrement que les prisonniers de Première Urgence étaient nus et enchaînés et se faisaient fouetter tous les jours par leurs geôliers serbes. Petit exemple amusant de désinformation bénigne que je dédie amicalement aux démocrates de Zagreb et à leurs quelques avocats occidentaux.

Le 27 avril 1994, sept membres de l'équipe décident de faire une grève de la faim. Dès le premier jour, Le Toux souffre le martyre : « *Les heures sont interminables. Je sens mon ventre se tordre dans tous les sens. Je ne me souviens pas ne pas avoir mangé une journée entière. Souvent juste un sandwich, mais quelque chose*[5]. » Quarante-huit heures plus tard, désespérés, les grévistes de la faim se précipitent sur une malle de nourriture envoyée par l'ambassade de France. « *Elle contient du fromage, des biscuits, du saucisson... de tout ce que l'on peut rêver. Nous bâfrons. Deux jours de diète et nous n'en pouvons plus. Nous ne prenons pas le temps de parler. Nous dévorons : de véritables ripailles gargantuesques. Mais qu'est-ce que c'est bon ! Il ne manque qu'un bon aligoté et nous serions les plus heureux des hommes.* » Humanitaire, trop humanitaire. Le 18 mai, après quarante et un jours de détention, toute l'équipe est libérée. Deux hélicoptères Puma amènent les « otages des Serbes » sur le navire de guerre français, *La Foudre*, après avoir survolé Split. « *Nous apercevons les camions, nos*

5. C'est moi qui souligne. *(N.d.A.)*

camions. J'ai un pincement au cœur. » Le médecin du bord examine Le Toux. Dialoague : « *Ça vous a réussi la détention, vous faites quatre-vingt-quatorze kilos. – Vous plaisantez ? J'ai perdu onze kilos, j'en pesais cent cinq !* » Ces onze kilos pris à Le Toux pèseront lourd dans le jugement que l'opinion française portera désormais sur la Serbie.

IV

VOUS ET MOI À SARAJEVO

Vous étiez étudiante en médecine, institutrice, ingénieur, économiste, architecte – j'étais étudiant en médecine, instituteur, ingénieur, économiste, architecte. Ou bien nous étions écrivains – ou critiques littéraires – tous les deux. Vous aviez vingt ans, trente ans, quarante ans – j'avais vingt ans, trente ans, quarante ans. Ou bien avions-nous cinquante ans tous les deux. Et, souvenez-vous, nous nous aimions. Nous nous aimions intellectuellement et, bien sûr, physiquement. L'agrément du socialisme était de, faute de nous donner quelque chose à consommer, nous amener à nous consommer nous-mêmes. Après la chute du Mur de Berlin, les jeunes femmes russes et polonaises sont entrées sans difficulté dans la prostitution car elles avaient déjà l'habitude de coucher avec plusieurs hommes dans la même journée, voire dans le même lit. Les bigots et les prudes étant parqués dans les églises et les mosquées en suppliant le Ciel de rétablir la liberté du culte, la jeunesse s'en donnait à cœur joie avec la liberté du cul. La révolution sexuelle occidentale a commencé en 1968 ; à l'Est, elle avait eu lieu en 1945. Derrière le rideau de fer, il n'y avait pas que des goulags, il y avait aussi des parties de jambes en l'air. La raison pour laquelle le capitalisme international s'est acharné sur le socialisme – *le sexalisme* ! – pendant tout le XXe siècle est non seulement le danger qu'il représentait pour ses intérêts mais aussi et surtout la menace qu'il faisait peser sur sa morale. Si le socialisme a échoué, c'est parce que les gens ne travaillaient pas, et s'ils ne travaillaient pas, c'était parce qu'ils baisaient tout le temps ! Ce que le socialisme a fait, c'est supprimer l'amour convenu et codifié à la française ou à la viennoise, c'est-à-dire l'amour qui se passe dans la bonne société, avec des hommes qui pleurent, des femmes qui coûtent cher et quelques soubrettes pour boucher les trous. Il est aujourd'hui revenu en force sur les écrans de télévision, fable désolée toute en sécheresse et en frustration. Le monde a mangé son pain blanc, et ce pain blanc était rouge.

Vous vous appeliez Vesna, Mira, Milena – je m'appelais Boban, Vladimir, Josip. Souvenez-vous de nos promenades dans le quartier de Ben Bacha, dans le cimetière musulman, dans le bazar. Combien de fois nous sommes-nous embrassés sur les bords de la Miljatska ? Et nos après-midi de printemps dans le parc ! Vous me récitiez du Maïakovski et je vous chantais du Brel ou du Simon & Garfunkel. Nous contemplions la ville, douzaines d'œufs oubliées dans un nid de montagnes bleues. Nous comptions les trente-cinq minarets des trente-cinq mosquées. Un baiser pour chaque mosquée. À la fin, nous avions les lèvres mouillées et bourdonnantes. Nous redescendions au centre par la rue Alifakovats. Loggias en encorbellement, femmes en férendjé. Dans le bazar, nous buvions du café, mangions un loukoum. Nous errions entre les étals, nos hanches jointes dans la danse éternelle et sacrée des amoureux qui se promènent. Corselets brodés, robes lévites, ceintures multicolores en cuir : ce magnifique fouillis nous sautait aux yeux.

Nous avions, vous et moi, divers projets : nous installer à Chicago où vous aviez déjà un oncle, ouvrir un hôtel-restaurant à Trogir (Dalmatie), monter l'intégrale du *Soulier de satin* off-Zagreb – puis la vie et la guerre nous ont séparés. Nous qui n'appartenions qu'à notre avenir, nous nous sommes mis à loucher sur notre passé, et même le passé de nos parents. Vous vous êtes découvert des racines et je me suis vu des ancrages. Nous avons imaginé tous deux que Dieu existait : manque de chance, ce n'était pas le même ! Les familles, puis les *snipers* s'en sont mêlés. Vous avez, pleine de fureur poétique, écrit ou lu des odes pour Alija Izetbegović, Radovan Karadžić, Stjepan

Klujić – j'ai, plein de fureur poétique, écrit ou lu des odes pour Alija Izetbegović, Radovan Karadžić, Stjepan Klujić. Chacun enfermé dans un quartier différent de la ville, nous avons continué de nous téléphoner, nous souhaitant à la fois la mort et la vie. Mon amour, que sommes-nous devenus ? La haine triomphe parce qu'elle est la plus simple et que les gens ont horreur de se compliquer l'existence. Ce que nos racines et notre Dieu ne nous auront pas fait faire – et subir ! Peut-être qu'un monde sans racines et sans Dieu serait mieux. Ah oui, c'est vrai, on avait déjà essayé. Le communisme. On s'en est assez plaint. Pourquoi ça n'a pas marché, déjà ? Il n'y avait pas de liberté. De liberté de quoi ? De croire en Dieu. Mais il y avait la liberté de ne pas y croire, non ?

Notre situation, ma chérie, est décrite avec une exactitude douce et meurtrie dans *L'Assassinat de Sarajevo*[1] de Zeljko Vuković (né en 1956). Zeljko sort, ahuri et

1. Zulma/Calmann-Lévy éd. *(N.d.A.)*

ébouriffé, d'une famille où il y avait aussi bien des Serbes que des Croates, des Musulmans que des juifs. C'est ce qu'on appelait naguère, au temps de l'énorme Tito tout de blanc et de décorations vêtu, un Yougoslave. Après des études de sociologie (les Yougoslaves faisaient soit des études de sociologie soit des études d'économie, ce qui rend incompréhensibles l'éclatement de leur société et le naufrage de leur économie, à moins que, trop occupés à faire l'amour ainsi qu'il est écrit plus haut, ces garçons et ces filles n'aient résolument rien fichu en classe), il devient correspondant puis directeur de *Borba* pour la Bosnie-Herzégovine. Un matin, il est réveillé, dans l'indolente Sarajevo, par les discours entremêlés de trois leaders nationalistes. Chacun voulait une part du gâteau, c'est-à-dire de son bonheur. Il a compris que sa jeunesse, et peut-être même sa vie, étaient finies. Le cap des trente-cinq ans est difficile à passer pour un homme car tout le monde lui tire dessus, étant donné qu'il n'a plus l'excuse de la jeunesse et pas encore celle de la vieillesse. Beaucoup d'hommes se suicident à trente-cinq ans, surtout ceux qui sont mariés et travaillent dans la fonction publique – c'est-à-dire qui n'ont pas d'échappatoire. Le problème de Vuković, c'était qu'on lui tirait dessus à balles réelles. De son exil norvégien, car il a dû choisir entre la valise et le cercueil, mais bien souvent une valise paraît plus petite et plus étouffante qu'un cercueil, il écrit à son traducteur Alain Cappon : « *Les crimes commis par les partis serbe et croate sur le peuple musulman, je les ai dénoncés oralement et par écrit à Sarajevo, mais encore plus à Belgrade, ce qui m'a valu d'être traité de criminel par ces deux partis. De la même façon, j'ai dénoncé oralement et par écrit les crimes commis par le parti musulman. À Sarajevo, comme à Belgrade. Cette guerre m'a tout pris. C'est pourquoi je ne peux pas pleurer que d'un œil.* Je pleure les enfants morts et je ne peux comprendre ceux qui ne pleurent que les enfants musulmans ou que les enfants serbes[2]. *Les mensonges des*

2. C'est moi qui souligne. *(N.d.A.)*

médias sur les bons et les mauvais dans cette guerre n'ont fait qu'activer la guerre et la propager [...]. *Je n'ai pas le droit moral de me taire. Je ne peux justifier un crime par un autre. Je ne mets pas sur le même plan les politiciens et les peuples. Les trois partis ont commis tant d'exactions sur les civils que personne ne pourra être amnistié* [...]. *Je sais qu'il n'y a pas d'innocents, et quand les mensonges seront mis au jour et que les tombeaux s'ouvriront, le monde comprendra combien sa partialité aura permis à la tragédie bosniaque de devenir un cataclysme.* »

Vuković a notre âge, notre culture, nos souvenirs. Il a lu Styron et Yourcenar, vu les films de Cimino et de Godard. C'est un nostalgique des *seventies* car la vie était douce et un amoureux des *eighties* car la paie était bonne. La différence entre lui et moi est que je me demande comment échapper au fisc alors qu'il lui a fallu échapper à la mort. Nous avons tous deux eu envie, entre 1982 et 1989, de Madonna – puis, entre 1990 et 1993, de Janet Jackson – et de 1993 à aujourd'hui, de notre deuxième femme, comme tous les hommes de quarante ans. Il est l'auteur, sur la vie quotidienne d'un écrivain à Sarajevo, du livre que j'aurais détesté vivre et adoré écrire. Il raconte ce que seraient nos journées si les protestants occupaient le XVIIe arrondissement de Paris, si les Musulmans tenaient tout l'est de la ville à partir de la ligne porte d'Italie-place du Colonel-Fabien, si les juifs s'étaient barricadés dans le Marais et si les catholiques contrôlaient tout le reste du territoire. Les catholiques bombardent le secteur musulman sous l'œil attentif et placide des protestants. Les protestants n'aiment pas les catholiques mais ils aiment encore moins les musulmans, quoiqu'ils feraient volontiers – ils l'ont d'ailleurs fait à deux ou trois reprises – alliance avec les musulmans pour reprendre aux catholiques ce qu'ils considèrent être leur dû, c'est-à-dire le VIIIe, le XVIe et une grande partie du XVe. Ils ne reconnaissent aux catholiques, en fait, que le droit d'occuper l'île de la Cité (voir *La Charte fondamentale des protestants d'Ile-de-France*), où se trouve Notre-Dame.

Bien sûr, les catholiques refusent de se laisser enclaver sur une île, avec tous les problèmes que cela poserait sur le plan de la communication et des échanges commerciaux. Les juifs partent régulièrement, par convois de l'ONU, à Orly-Sud, où les attend un avion El Al pour Tel Aviv. Bientôt, le Marais sera vide et, selon les observateurs internationaux, de violents combats s'engageront, pour le contrôle du territoire, entre les trois camps restant sur le terrain. Un vrai film de Quentin Tarentino. Que se passe-t-il quand tout le monde est armé et tire en même temps ? Tout le monde meurt. La guerre en ex-Yougoslavie, c'est la victoire du beauf de Cabu sur le penseur de Rodin. À force de s'égosiller, les intellectuels serbes, croates et bosniaques ont perdu la parole. Ils sont maintenant aux prises avec des fanatismes religieux et nationalistes qui les dépassent et les écrasent. Il faut attendre le retour du magicien de *Fantasia* pour arrêter la danse folle des manches à balai, qui noie tout le monde dans le sang.

De quel côté serions-nous dans un tel

imbroglio, nous qui ne croyons à rien, sauf peut-être à l'art de temps en temps, tard dans l'après-midi – et bien sûr à nos enfants, puisque nous ne pouvons pas faire autrement, sinon ils mourraient ?

À Sarajevo, Vuković a faim sans arrêt. « *Parmi les aliments dont tout le monde "rêve", il y a l'oignon et l'ail, les tomates, les poivrons rouges...* » En Norvège, tout change : « *J'étais persuadé que j'allais manger à m'en rendre malade. C'est l'inverse qui se produit. J'ai commandé une simple portion de frites avec du ketch-up. Manger ne me dit absolument plus rien.* » Il paraît évident que, pour sauver un Serbe bosniaque de l'anorexie, la gastronomie norvégienne n'est pas suffisante. À Sarajevo, Vuković rend visite à un *sniper* musulman dépressif, qui lui confie : « *Si demain il y avait la paix, tu sais ce que je ferais ? J'irais là-bas rechercher les gens sur qui j'ai tiré. Je les reconnaîtrais sans problème. Et je leur dirais qui je suis. Sérieusement. Je leur dirais : c'est moi qui vous ai tiré dessus, je suis là, punissez-moi. Ça me sauverait, même s'ils me tuaient. Tu comprends ? C'est souvent que je pense à ça...* »

Il y a, à Sarajevo, des Serbes, des Croates et des Musulmans qui continuent de se vouloir « yougoslaves ». Ils préféraient vivre dans un riche et grand pays que mourir dans quatre ou cinq petites nations ruinées par la guerre. L'acteur de théâtre Josip Pejaković résume la tragédie de leur situation : « *Mon peuple, le peuple yougoslave, est victime d'un véritable génocide. On a supprimé un pays, puis instauré une "Yougoslavie mutilée"*... Je pense que c'est endosser une grande responsabilité que d'être aujourd'hui Musulman, Serbe ou Croate[3]. *Je ne m'en sens pas vraiment l'audace ni le front.* »

Vuković raconte le suicide des adolescents de Sarajevo (onze pour les seuls mois de juin et de juillet 1992), fait le portrait de chefs de guerre serbes (« *Ce commandant-là* [...] *est l'un des hommes les plus riches de notre cité. Il avait trois entreprises privées, un camion, une maison "à l'américaine" avec*

3. C'est moi qui souligne. *(N.d.A.)*

télé et magnétoscope dans chaque pièce. On le respectait. Je ne comprends pas quelle idéologie l'a incité à s'en prendre à ses voisins, les armes à la main... ») ; cite avec un tendre écœurement des poèmes de Karadžić, tirés de son premier recueil paru en 1968 : « *Je sais qu'il me faudra répondre/devant celui à qui l'on doit/l'odieuse paix des choses et des plantes/tout ce que j'ai pu faire je l'ai fait/délibérément et à dessein* »), raconte la fuite des cerveaux, décrit le désert vulgaire et meurtrier que devient Sarajevo (« *les élèves des classes primaires et secondaires qui, par leur éducation, leur niveau d'instruction, leurs dons et leurs talents particuliers étaient destinés à constituer la future élite spirituelle et artistique, ont quitté Sarajevo ; et très probablement à tout jamais* ») et attaque conjointement les Occidentaux pro-serbes et pro-musulmans (« *Ils encouragent les malheureux à demeurer dans leurs tranchées. Comme si, dans la tragique réalité bosniaque, nous manquions de fauteurs de guerre et d'images en noir et blanc si destructrices.* Les intellectuels devraient s'interdire la superficialité et l'ignorance, du moins quand ils s'impliquent dans une guerre qui a pris les proportions d'un crime[4]. »

Vuković a un style clair et droit qu'on n'avait plus lu depuis longtemps dans la littérature balkanique, infectée par le Nouveau Roman comme un ordinateur peut l'être par un virus informatique. La guerre a débarrassé les écrivains ex-yougoslaves des Éditions de Minuit. C'est, après l'immortalisation de Patrice Le Toux, son deuxième et dernier bon côté.

4. C'est moi qui souligne. *(N.d.A.)*

V

DRÔLE DE GUERRE

En Bosnie, il y a une drôle de guerre. Trois camps s'opposent : Serbes, Croates et musulmans. Partie de bridge dont la Yougoslavie ferait le mort. Définitivement ? Il y a des contrats qu'on remplit, ou bien on a plusieurs villes de chute. Il arrive qu'on soit contré, comme les Musulmans à Goraždé ou les Serbes aux monts Vlasić, et là on perd la manche. Les Slovènes ont depuis longtemps quitté la table pour devenir, penauds et déconfits, maîtres d'hôtel et garçons d'étage à usage exclusif de la classe supérieure et de la classe moyenne autrichiennes. D'ores et déjà, ils donnent en catimini des leçons d'obéissance aux Croates, qui n'ont jamais bien su servir la soupe. Ils ont une maladresse qui leur tient lieu de mauvaise volonté, voire de volonté tout court.

Dans cette drôle de guerre, les trois camps ont des armes, mais seuls les Serbes s'en servent. Les Croates et les Musulmans, on se demande bien ce qu'ils font avec les leurs. D'autant qu'elles sont toutes neuves, en parfait état de marche. Livrées à Tuzla par avions spéciaux. Le fait est qu'ils ne tirent pas avec, on l'aurait vu à la télévision. Tout le monde fait des prisonniers, mais seuls les Serbes les gardent. Les Croates et les Musulmans n'ont pas de camps de prisonniers, on les aurait vus à la télévision. Alors, que font-ils avec leurs prisonniers ? Des concours de pétanque, conclus par des couscous géants ?

Elle doit être bien longue, la journée d'un soldat musulman ou d'un soldat croate. Personne à tuer, personne à mettre en prison. Tout ça est réservé au soldat serbe. Le Musulman et le Croate, ils restent devant leur télé, comme des idiots, et qu'est-ce qu'ils voient ? Des soldats serbes en train de se servir de leurs armes – de vieilles armes de la JNA, rien à voir avec les petites merveilles de technique et de sophistication que touchent le Croate de l'Allemagne et le Musulman de l'Iran – et de faire des prisonniers. Paraît aussi qu'ils violent des femmes. Les viols, on les voit pas, mais on entend le témoignage gratiné des femmes violées. Le Croate et le Musulman, ils sont un peu colère : pendant qu'ils s'emmerdent dans leur carré, le Serbe prend du bon temps. Qu'est-ce qu'il leur reste, à eux ? Thé à la menthe pour le Musulman, šlivovitz pour le Croate. Jacquet pour le musulman, échecs pour le Croate. E2-E4, E7-E5, etc. Vous parlez d'une vie de soldat. Engagez-vous, rengagez-vous, qu'ils disaient, Klujić et Izetbegović. Ils pourraient aussi, tant qu'ils y sont, leur filer des travaux de broderie. Quand ils pensent, le Croate et le Musulman, que le Serbe n'a pas violé une femme, mais 60 000 (soixante mille), ils en sont malades. Soixante mille femmes violées (quelqu'un a-t-il déjà noté que l'anagramme de *violée* est *voilée* ?) par les soldats serbes ! On savait, depuis l'affaire Marković, que le Balkanique était porté sur la chose, mais tout de même. L'information a été dénichée, par divers journalistes occidentaux, dans un rapport confidentiel de la Communauté européenne. Ce rapport ne faisait d'ailleurs état que de vingt mille femmes violées, ce qui est déjà énorme ; les vingt mille femmes violées devinrent, par l'opération magico-médiatique dite de *la multiplication des femmes violées,* soixante mille (*Paris-Match,* janvier 1993). Le rapport en question, qui restera anonyme, ne sera par surcroît pas publié. Selon l'AFP (8 janvier 1993), « *le premier rapport* [...] *évoque un chiffre* non confirmé [1] *de vingt mille viols perpétrés par des milices serbes sur des femmes bosniaques et musulmanes* [...]. *Ces informations résultent néanmoins de* témoignages de deuxième, voire de troisième main [2]. » Commentaire du rédacteur en chef adjoint de France 2 Jacques Merlino,

1. C'est moi qui souligne. *(N.d.A.)*
2. *Idem.*

traité naguère publiquement[3] d'homosexuel *(sic)* par Michel Polac parce qu'il osa décrire, dans son livre *Les Vérités yougoslaves ne sont pas toutes bonnes à dire*[4], l'entourage de Karadžić à Genève en janvier 1993 comme suit : « *La fraternité de ces hommes placés au ban des nations est tangible et chaleureuse. Elle est enveloppante, aspirante...* » – commentaire, donc, de Merlino sur les viols serbes : « *Comment peut-on, sur un sujet d'une telle gravité, transformer en certitude ce qui apparaît être une rumeur non vérifiée ? Comment la presse américaine de réputation si sérieuse peut-elle citer comme référence la commission bosniaque sur les crimes de guerre et le ministère des Affaires intérieures de Bosnie-Herzégovine ? Qui ignore que leurs déclarations n'ont aucune valeur d'impartialité et que, assiégés dans Sarajevo,* ces deux organismes n'ont aucun moyen technique, pratique et administratif de mener une telle enquête[5] ? *Depuis quand accorde-t-on un*

3. In *L'Événement du jeudi*. *(N.d.A.)*
4. Albin Michel éd. *(N.d.A.)*
5. C'est moi qui souligne. *(N.d.A.)*

début de crédibilité aux affirmations d'une partie engagée dans une guerre civile ? Comment peut-on véhiculer une telle estimation alors qu'elle n'est accompagnée d'aucun commencement de preuve et que les officiels bosniaques disent eux-mêmes [...] *qu'ils s'agit d'une extrapolation basée sur un nombre relativement petit de témoignages ?* »

Voici comment se passe la rencontre d'une jeune fille serbe et d'une dizaine de soldats musulmans – anciens d'Afghanistan ou gardiens de la Révolution iranienne – ou d'un peloton de miliciens croates – parmi lesquels deux ou trois mercenaires français ou belges appartenant, dans leurs pays respectifs, à divers groupuscules d'extrême droite – quand, sans avoir tiré le moindre coup de feu, ils pénètrent dans la maison de la jeune fille. Tout d'abord, ils s'inclinent avec respect et délicatesse devant la Serbe, à laquelle ils offrent ensuite divers présents en gage d'amitié et de compréhension : violettes cueillies sur les chemins de Bosnie, pâtisseries au miel achetés à l'aéroport d'Istanbul pendant l'escale du vol Téhéran-Vienne, *Apfelstrüdel* sous vide envoyés pour Noël aux troupes de Klujić par le maire de Brême, etc. La jeune fille, émue, les invite à prendre le thé. Timides, ils commencent par refuser. Ils ne veulent pas la déranger, empiéter sur son temps. Elle insiste. Ils se dirigent inexorablement vers la porte. On reconnaît ici la délicatesse innée du Croate ou du musulman : ces hommes ont compris que la jeune fille n'a pas beaucoup de thé et qu'en préparer pour dix personnes la priverait elle-même dudit breuvage pour plusieurs semaines. Elle ne veut rien entendre. Elle se colle littéralement contre la porte, empêchant les soldats de sortir. Les hommes se tournent, perplexes, vers leur officier. Devant une telle obstination, comment doivent-ils réagir afin de ne blesser la susceptibilité de personne ? L'officier se tait. Il sourit sans cesser de regarder la jeune fille. Il fait signe à ses hommes de s'asseoir. Évidemment, il n'y a pas assez de chaises pour tout le monde. La Serbe va chercher des tabourets dans la cuisine. Quelques soldats se précipitent pour les lui arracher des mains, car ils ont bien vu que c'était trop lourd pour elle. « Pas de précipitation, dit l'officier. Ça pourrait être mal interprété. » C'est la première fois que la Serbe entend la voix de l'officier. Une voix lente, chaude, compréhensive – qui lui rappelle celle de son père, torturé et assassiné quelques semaines plus tôt, on ne sait pas par qui, en tout cas ni par les Musulmans ni par les Croates, car si les Musulmans et les Croates torturaient et assassinaient ça se saurait, on en parlerait à la télévision, *on verrait des images*.

En dehors du droit exclusif à la torture, au meurtre et au viol, les soldats serbes jouissent, au grand dam de leurs homologues croates et musulmans, d'une autre prébende, d'un autre avantage : le camp de concentration. Ils ne se refusent rien, décidément ! Les camps de concentration, qui avaient laissé un si triste souvenir au XXe siècle, semblaient à jamais bannis de l'histoire humaine. Même les plus sauvages guerriers du communisme ou de l'islam refusaient d'envisager leur remise en service. Les Serbes, eux, n'ont pas hésité. C'est ça quand on est le chouchou des médias : on ne voit plus les limites. Arrêtons-nous un moment sur ces fameux camps de concentration d'enfants gâtés. En 1992, une équipe de la chaîne britannique ITN – quel merveilleux hasard linguistique que ces télévisions arrêtant et emprisonnant les esprits portent le nom de *chaînes,* et on notera que dans tous les domaines les chaînes se multiplient : chaînes de restaurants, chaînes d'hôtels, chaînes de boutiques de vêtements – filme dans le camp serbe de Manjaca, c'est-à-dire derrière des fils barbelés, un prisonnier squelettique : Slobodan Konjević. Aussitôt, la photo est dans tous les journaux et Auschwitz dans toutes les bouches, Milosević, sur les murs de Paris, est traité d'Hitler. Le Centre culturel yougoslave est pris d'assaut. Les Serbes de la capitale vont-ils, comme les protestants lors de la Saint-Barthélemy, être assassinés pendant la nuit ? Kraljića Margot[6] ! Un an plus tard, un journaliste américain découvrira que Slobodan Konjević n'était pas musulman mais serbe, qu'il n'avait pas été arrêté pour fait de guerre contre l'armée mais pour pillage contre la population et qu'il avait souffert de tuberculose pendant dix ans, ce qui expliquait sa maigreur. Quant à Élie Wiesel et Simone Veil, après une visite des camps de prisonniers tenus par les Serbes, ils déclarent publiquement que ces installations n'ont rien à voir avec Auschwitz dont ils sont, pour leur désespoir, des connaisseurs. Ces rectifications et dénégations n'effaceront pas l'image vraie et pourtant mensongère, ce qui est la définition même d'une image, diffusée par ITN. Pour tout un chacun, personnage pâle et falot qui se multiplie à l'infini et dont la compagnie devient usante, il y a des camps de concentration en Serbie. Les Serbes bosniaques, comme les Serbes de Serbie, comme les Serbes de Paris, sont

6. *La Reine Margot*. (*N.d.A.)*

donc des nazis. Il est par conséquent incompréhensible, aux yeux des Français, qu'on ne les bombarde pas. Les nazis, merde, ça se bombarde ! C'est scandaleux de ne pas bombarder les Serbes. C'est un crime contre l'humanité, *c'est-à-dire pas amnistiable*. L'Europe commence à Sarajevo. L'Europe finit à Sarajevo. L'Europe, c'est Sarajevo. Bombardez les Serbes, c'est ça la vraie action humanitaire ! On s'étonne que, galvanisés par des discours nationalistes et des images-chocs, les peuples des Balkans en soient arrivés à s'entre-déchirer dans l'horreur alors qu'il nous suffit d'un film d'une minute au journal télévisé de vingt heures pour que nous en arrivions à vouloir les entre-déchirer nous-mêmes.

VI

MON WEEK-END CHEZ SATAN

Je quittai Belgrade en novembre 1990, après un séjour de trois semaines. Ce jour-là, mon fils Paul, âgé de trois ans, faillit mourir d'une péritonite, que son médecin traitant avait diagnostiqué comme une inflammation à l'aine. Tandis que j'entrais avec F dans le Boeing d'Air France, ma première femme entrait avec Paul à l'hôpital des Enfants-Malades, rue de Sèvres. Mon trajet jusqu'à Paris dura moins longtemps que le trajet de mon fils jusqu'à la table d'opération. Les avions d'Air France vont plus vite que certains chirurgiens. J'ai vu Paul quelques minutes après l'intervention. Il était nu, dans la nuit, avec un petit sparadrap sur le ventre. Il engueulait, en larmes, les infirmières. Mon départ de Serbie fut donc placé sous le signe de la mort frôlée de peu par un enfant. Elle a, depuis, contourné le VIIe arrondissement de Paris et est retournée dans les Balkans, où elle a frappé d'une main exacte des milliers d'enfants qui n'étaient pas mon fils et qui, pourtant, l'étaient. La guerre serait bien, s'il n'y avait pas les enfants. Pendant une guerre, on ne travaille pas, on fait du sport, on se soûle, on se couche à n'importe quelle heure, on est entre copains, on a le droit de tuer qui on veut ou presque et surtout on a l'espoir de mourir d'un moment à l'autre – *mais il y a nos enfants et ceux de l'ennemi*. La guerre est une fantaisie d'adulte sordide, défraîchi et fatigué de vivre, qui a envie de jouer avec des armes mais comme les fausses lui sont interdites à cause de son âge il prend les vraies. Par surcroît, les guerres sont des conflits d'intérêts et le conflit d'intérêts est un truc de vieux. Plus on vieillit, plus on s'attache à ses affaires, alors que ça devrait être l'inverse. En même temps, bien sûr, on déteste ça, tenir à ses affaires. Vieillir, aussi. Il y a une neurasthénie évidente chez le quinquagénaire, qu'elle s'exprime par l'amour frénétique de la gastronomie ou la fréquentation assidue des champs de courses – et ce sont les quinquagénaires qui font les guerres, puisque ce sont eux qui, arrivés à la direction d'un pays, les décident et ensuite, en tant que colonels ou généraux, les commandent. Leurs enfants ne sont plus des enfants et donc, à leurs yeux, ne risquent rien, sinon de s'amuser. La guerre est à l'andropausé ce que le marron glacé est à la ménopausée.

Belgrade, mars 1995. Soleil foudroyant et douceur slave. Qu'y a-t-il de changé depuis 1990 ? À part moi, rien. L'hôtel Moskva vide continue de regarder, de l'autre côté de Terazije, le *Mac Donald's* plein. Dans la rue piétonne, anciennement Knez Mihailova, étudiantes blondes et mendiantes rousses. Dans le parc Kalemegdan, des couples de jeunes filles parlent de leurs amours et de leurs devoirs en mangeant des pop-corn. La nuit bleue – ce bleu qui sait être si angoissant en temps de paix et si tendre en temps de guerre – enveloppe la Save, le Danube et Novi Beograd. Les lieux me sourient avec ironie, comme les habitants des îles grecques quand ils me voient repartir, ou revenir. Appuyés à l'éternité, les bâtiments jouent, indifférents, avec mes émotions. Ils savent que je n'en ai pas pour longtemps, moins longtemps qu'eux en tout cas, et que je m'énerve pour pas grand-chose. Mes amours n'ont même pas laissé une ride sur les murs.

Pas-Narcissique a été l'égérie franco-monténégrine de quelques hommes politiques libéraux et de moults patrons sympa au temps du giscardisme triomphant. Avant d'être la petite fiancée de la Serbie, elle a été la petite amie de l'UDF. Elle cherchait un siège : elle a trouvé une cause. La cause serbe. Perdue, en plus. Que demande la bourgeoise ? Malgré les efforts de toute une vie, elle n'arrive pas à être aussi exaspérante qu'une Française de son âge et de sa condition. Elle a gardé le sac Chanel, la montre Cartier et le vison de ses années Giscar, mais il y a en elle quelque chose de brutal et de fêlé qui les contredit, les efface. Ce qui distingue les Balkaniques des Occidentaux, ce n'est pas la passion, c'est l'indifférence. Il y a, chez les Slaves du Sud, quelque chose de traumatisé à la base qui leur interdit les sentiments. Ils ont seulement des émotions que, pour survivre, ils sont obligés de combattre. D'où l'indifférence. L'indifférence est atroce, car elle n'existe pas. C'est un néant. Les Balkaniques vivent dans le néant depuis six siècles, ce qui a fini par les énerver.

En 1990, j'avais participé – avec F soûle en minijupe – à un voyage d'écrivains en Serbie [1]. Me voici dans le même car ou presque, avec Pas-Narcissique sobre en tailleur. Les autocars, comme les lieux, en ont vu de vertes et de mûres. F sera-t-elle aussi bien que Pas-Narcissique quand elle aura son âge ? Moins casse-pieds, peut-être, mais moins sympa. En tout cas, les écrivains

1. Voir *Jusquà Kant ? in Les Années Isabelle,* Le Rocher éd. *(N.d.A.)*

serbes trouvent Pas-Narcissique très mignonne et se renseignent sur elle auprès de moi. Combien ai-je dit, déjà, qu'elle avait de mètres carrés à Neuilly ? Ces Yougos ont le proxénétisme dans le sang. Seul un chat met plus de grâce à s'installer sur le canapé de gens qu'il ne connaît pas. Dans le car non fumeur (en 1990, tous les cars étaient fumeurs, car c'était encore un peu le communisme, et donc encore un peu le bordel), j'observe les écrivains. Combien de querelles se nouent, de polémiques s'ébauchent, de complots s'ourdissent et de manœuvres se jouent et se déjouent derrière ces faciès anxieux ou béats, jaunâtres ou rubiconds ? J'imagine un bus dans lequel seraient rassemblés, pour la défense d'un Pas-de-Calais catholique et français, Bernard Frank, Bertrand Poirot-Delpech, Jean d'Ormesson, Gabriel Matzneff, Annie Ernaux, Jean-Edern Hallier, François Nourissier, Angelo Rinaldi et moi. D'Ormesson s'empresserait de faire, dès le premier kilomètre sur l'autoroute du Nord, des amabilités à Bernard

Frank, dont il a fini par se venger en lui tressant des louanges venimeuses dans le journal de celui-ci. Angelo Rinaldi éviterait Hallier, car on ne tape pas sur un aveugle, même si c'est Jean-Edern, Matzneff viendrait me demander des comptes pour le prix Freustié qu'il n'a pas eu. En trente ans de carrière, *Gab* n'a pas décroché un seul prix littéraire français, alors qu'il y en a plusieurs milliers. Position du gars qui ne trouve pas de Coca-Cola à Eurodisneyland. Mais, comme je le lui dis souvent, on ne peut pas avoir les pucelles et l'argent de leurs mères. Tout le monde parlerait du futur lauréat prix du Goncourt à François Nourissier. Ernaux et Poirot-Delpech se seraient installés au fond du car, évoquant, par de longues phrases lentes et harmonieuses, les drames du post-communisme. Hallier – qui ressemble de plus en plus au L.-F. Céline d'après le Danemark – me reprocherait de ne pas avoir appelé à voter Chirac (désolé, mon pote, moi c'était Hue) et d'avoir demandé un cachet de dix mille francs – en liquide, et apportés rue de Bourgogne par une *escort girl* nue sous un imperméable *Burberry's* – pour accepter de passer au Jean-Edern's Club sur Paris-Première[2], cachet qui, à mon grand chagrin, me fut refusé, raison pour laquelle je ne me présentai pas sur le plateau de l'émission. L'émotion monterait peu à peu dans le car à mesure qu'on approcherait du Pas-de-Calais. Après Amiens, le silence s'installe. Seules les voix de Poirot et d'Ernaux, à peine audibles, bourdonnent encore. Il dit :

– Bientôt Abbeville...

Elle dit :

– Une amie de ma mère avait une épicerie à Abbeville... Une épicerie-tabac... À la limite du bourg... Triste, poussiéreuse... Ça sentait la fumée, la vinasse...

C'est ensuite l'entrée dans les collines de l'Artois, ravagées par la dernière offensive flamande. Les écrivains ont le nez collé à la vitre. Les maisons individuelles sont presque toutes détruites. Celles qui ont

2. Chaîne câblée. *(N.d.A.)*

encore un toit n'ont plus de vitres. Celles qui ont encore des vitres n'ont plus de porte. Celles qui ont encore une porte n'ont plus de murs. Hallier trouve encore la force, au milieu de la consternation générale, d'éructer :

– La barbarie flamande n'a pas de limites et c'est pourtant la soi-disant barbarie des patriotes d'Amiens que dénoncent les médias internationaux vendus à la toute-puissance américaine et aux Émirats du Golfe !

Nous entrons donc en République serbe de Bosnie. Montagnes méditerranéennes brûlées (Bonson [Alpes-Maritimes] après l'incendie de 1994), Drina vert d'eau. Au poste frontière, le chef du convoi présente la liste des passagers à un sous-officier finlandais de l'ONU. Derrière moi, le linguiste Nedeljković commente :

– Bizarre, de voir des Serbes demander à un Finlandais la permission d'entrer en Serbie.

Si je lui faisais remarquer que Višegrad ne se trouve pas en Serbie mais en Bosnie-

Herzégovine, il me répondrait – comme ils le font tous – que les frontières de la Bosnie-Herzévogine sont été tracées d'une façon arbitraire par Tito et ne correspondent pas aux véritables dimensions de la Serbie historique. L'objet de ma visite n'étant que de démêler le vrai du faux dans les arguments serbes – et bosniaques – sur la délimitation des frontières des uns et des autres, je me tais. Čossić, écrivain et ancien président de la Serbie, descend du car et se joint aux douaniers serbes qui en profitent pour lui faire dédicacer un de ses livres. On ignore à quel point la guerre en ex-Yougoslavie est une guerre de poètes, de romanciers, d'essayistes, de critiques littéraires – principale raison, en fait, pour laquelle elle est si féroce. Elle a été commencée avec violence par des hommes de lettres et continuée avec sauvagerie par leurs lecteurs. Čossić est un petit homme droit, jaune et mince, dans un costume bleu marine. Sur l'avenir de la CEE, il a écrit joliment, dans *L'Effondrement de la Yougoslavie*[3] : « *Un*

3. L'Âge d'homme éd. *(N.d.A.)*

monde où Mozart ne sera plus écouté que par des professeurs et des académies de musique, et où les noms de Pouchkine et de Goethe ne seront familiers qu'aux historiens de la littérature, n'est pas à mon avis un modèle auquel nous devons tendre. » Quand il me tape sur l'épaule, je me dis que c'est la première fois de ma vie qu'un ancien président de la République me tape sur l'épaule. Il aura donc fallu que j'attende d'avoir trente-huit ans et que je me rende dans le pays le plus décrié de la Terre pour que cet honneur m'échoie enfin. Moi qui suis si sensible au Mal et à ses effluves, au point que mes romans ne parlent que de ça et surtout que je ne peux pas supporter, ne serait-ce que pendant un quart d'heure, la compagnie d'un truand ou d'un policier (la vue même d'un juge d'instruction me donnant des boutons d'acné, raison pour laquelle je n'ai jamais assisté à un procès, et surtout pas aux miens), jamais je n'ai été physiquement dérangé par les Serbes de Bosnie, que la presse internationale s'acharne à présenter comme les descendants directs de Belzébuth. Ils n'ont rien de cette moiteur, de cette mollesse, de cette anxiété et de cette âpreté caractéristique des gens étant passés – pour reprendre une expression chère à Me Vergès et à J.-M.-G. Le Clézio – *de l'autre côté*. Ils ont, au contraire, une légèreté et une fraîcheur qu'on trouve dans les cours d'école, où il n'y a que des garçons purs et des filles vierges. Je me souviens de ce voyage à Višegrad en mars 1995 comme d'une irruption dans un monde plus net, plus jeune, plus gai. Que c'est bon de n'être soudain entouré que de gens qui n'ont pas peur de mourir quand à Paris on passe son temps avec des gens qui ont tout le temps peur d'être vexés ! S'il y a là des criminels de guerre – que peut-il du reste y avoir d'autre dans une guerre que des criminels, puisque les victimes sont mortes ? –, le crime leur a glissé dessus comme la pluie sur les rochers, sans laisser de trace ni même d'odeur.

Les guerres se font à l'hôtel, ce qui ajoute à leur côté vacances. Vacances dont on ne reviendra peut-être pas, ce dont rêve plus ou moins tout adulte ayant passé entre dix et vingt ans dans la vie active. Višegrad, avant d'être une ville d'os, fut une ville d'eaux. Derrière des sapins et des gardes du corps en tenue camouflée qui ressemblent à des sapins, se trouve le vaste bâtiment blanc et vide, anciennement palace pour curistes autogestionnaires et nomenklaturistes, où nous passerons la nuit. Banquet inauguré par des plateaux de šlivovitz. La šlivo est le symbole des orthodoxes, leur drapeau – et quand, le lendemain, je déciderai de ne boire que de l'eau, non en hommage à Alija Izetbegović mais eu égard à mon foie, quelques Serbes verront ça d'un mauvais œil, comme si, par le fait de ne pas consommer d'alcool, je faisais tacitement sujétion à l'islam. Entre l'islam et les Serbes, il y aura toujours la šlivovitz et le saucisson. Le cochon est l'animal symbolique et emblématique des Balkans et le saucisson est son prophète. Karageorges, le fondateur de la dynastie serbe, n'a-t-il pas débuté dans la vie comme marchand de cochons ? Une religion qui interdit le jambon fumé ne peut être perçue par les Balkaniques que comme antinature, sanguinaire, fasciste. La charcuterie est l'âme des Slaves du Sud. Vouloir les priver et de šlivovitz et de saucisson – objectif profond et d'ailleurs avoué du SDA – c'est aussi grave que de leur annoncer qu'on va les réduire en esclavage. Ce viol d'estomac est un viol de conscience. L'un des drames de cette guerre est que d'un islam modéré, voire désinvolte et parfois même saucissonneur, la Bosnie est passée, via les imams importés d'Iran, à un intégrisme islamiste en contradiction grossière avec la tradition balkanique d'ironie, de laisser-aller, de cynisme et d'indifférence. Pourquoi les ex-Yougoslaves mettent-ils tant de laideur à croire en quelque chose alors qu'ils étaient si beaux quand ils ne croyaient à rien ?

VII

LE DISCOURS DE VISEGRAD

Officiellement, c'est une cérémonie littéraire commémorant le vingtième anniversaire de la mort d'Ivo Andrić, catholique croate devenu romancier serbe et ambassadeur yougoslave, et le cinquantième anniversaire de la publication de son roman *Un pont sur la Drina*[1] ; officieusement, il s'agit, pour les intellectuels et artistes serbes ici présents, et non pour moi qui me contente de les regarder, avec une sympathie non dissimulée d'ailleurs, de manifester leur soutien aux Serbes de Bosnie, abandonnés par Belgrade depuis juillet 1994 et montrés du doigt par le

1. Belfond éd., trad. Pascale Delpech. *(N.d.A.)*

monde entier depuis l'attentat du 27 mai 1992 dont il est aujourd'hui avéré que les Musulmans l'ont perpétré. Ces deux millions de paysans, fonctionnaires, économistes, peintres en bâtiment, guitaristes, garçons de café, ados et danseuses techno sont devenus en quelques années l'incarnation du Mal sur la Terre. « Le Mal s'incarne rarement dans une seule personne », dit Mitterrand. Il fallait ajouter : « Sauf si c'est un Serbe de Bosnie. » Les gens, ici, donnent l'impression de penser que, s'ils sont vaincus, il ne leur restera plus qu'à changer de planète. Mars ? En 1990, j'écoutais sans cesse *Life on Mars* de Bowie sur le walkman de F. Mais il n'y a, à Višegrad, ni fusée ni rampe de lancement – rien qu'une ville exsangue et blafarde, avec des parents maigres et bouleversés.

Dans la chambre, je rédige mon discours mentalement, comme le fit Dostoïevski à la forteresse Pierre-et-Paul pour *Le Petit Héros* et Soljenitsyne au goulag pour *Une journée dans la vie d'Ivan Denissovitch*. Depuis que je suis dans les Balkans, je suis bien. Est-ce parce que je viens de passer trois années à avoir peur de la mort et que cette peur est partie de moi dès l'aéroport de Belgrade, et même un peu avant, au bureau « volant » de la JAT à Orly-Sud ? Tout, ici, me semble simple et clair. Il y a, à Paris, des guerres lourdes et meurtrières, dont les victimes, bien que mortes depuis des lustres, continuent de sourire sur l'écran de télévision ou de pleurer devant lui. Quelle joie d'avoir laissé une cité de morts-vivants pour un maquis de vivants qui affrontent la mort, voire la donnent ! J'ai quitté un *peep-show* pour une partouze et une réalité virtuelle pour une réalité spirituelle. Ou encore serais-je, pour la première fois de ma vie, chez moi ?

Nous nous rendons à la salle des fêtes de Višegrad dans la Golf blanche du ministre Buhra, tandis que nos homologues serbes montent dans les cars. Déjà, ils sont à deux dans une chambre alors que je suis seul dans ma suite. Ça me fâche mais comment en vouloir à des gens qui n'ont rien de tout vous donner ? Il n'y a que les riches à qui l'on peut reprocher de vouloir vous acheter. Je ne sais pas si je hais le pouvoir parce que je déteste les privilèges ou si je hais les privilèges parce que je déteste le pouvoir. Cette pruderie devant la limousine gratis et le gueuleton offert m'a beaucoup agacé chez certains membres du PCF dans les années 80 jusqu'à ce que j'en devienne moi-même, en vieillissant, la victime. Je ne suis pas fier, par ailleurs, de mon mépris du luxe, le voyant comme une espèce d'infirmité due sans doute à mon enfance grise et sans forme dans la banlieue parisienne. Le contraire de l'avantage en nature est le désavantage en culture. Ne pas aimer les privilèges est une façon de ne pas aimer la vie et il y a, dans l'obsession de la justice, une obsession de la mort, car la justice c'est la mort, et inversement.

La salle des fêtes est pleine à craquer d'assassins calmes et souriants, dont l'âge varie entre quinze et soixante-quinze ans. Je me demande quelles têtes auraient, dans la même situation, des irrédentistes poitevins ou des habitants de la république autoproclamée (reconnue par aucune instance internationale) du Jura.

Ils gardent leurs manteaux car le chauffage n'est pas allumé. Embargo. S'il n'y avait pas la guerre, nous serions juste dans le coin le plus perdu d'Europe, et d'ailleurs nous n'y serions pas. En quatre ans, les ex-Yougoslaves, comme avant eux les Libanais, sont devenus des stars internationales. On ne tient pas assez compte du fait que la guerre est le seul moyen d'apparaître à la télévision quand on habite à la campagne. Quand on passe ou qu'on est passé par les armes, on passe du même coup sur plusieurs chaînes. Karadžić n'était naguère qu'un psychiatre comme les autres et un poète peu médiatisé. À noter que dans la presse française on l'appelle de plus en plus souvent *docteur*, comme pour souligner son caractère Folamour, voire Mengele. Le massacre, qu'on le pratique ou qu'on le subisse, permet d'accéder à l'image, et donc à l'être. On pourra dire ce qu'on voudra sur les Serbes et les Bosniaques mais pas qu'ils ne sont pas devenus célèbres. Le monde ne se divise pas en gens bien et en gens pas bien comme on a voulu nous le faire croire à la fin des années 80, mais en célébrités et en inconnus et les habitants de Bosnie, en particulier Radovan Karadžić et Alija Izetbegović, font indiscutablement partie de la première catégorie, ce qui n'est pas rien. *Ce qui n'est pas rien.* Il y a des gens qui se damneraient pour devenir célèbres ; eux, ils l'ont fait. Chacun à leur manière, ils ont la communauté internationale à leurs genoux. Alija a de la chance : c'est le chouchou. C'est bien simple, il a toutes les qualités : tendre, serviable et martyr. On lui paie même de petits voyages à Paris pour aller au cinéma parmi cent cinquante journalistes énamourés. Radovan, c'est le méchant. Il n'a que des défauts : insolent, tortionnaire et pas végétarien. Personne ne l'aime. D'ailleurs, ça l'excite beaucoup. Je suis seul et ils sont tous. Dostoïevski, encore. L'ancêtre de Freud. N'est-ce pas, *docteur* ? Ou bien Gogol, dans *Le Journal d'un fou* : « *Non, je n'ai plus la force d'endurer cela ! Mon Dieu ! que font-ils de moi ! Ils me versent de l'eau froide sur la tête. Ils ne m'écoutent pas, ne me voient pas, ne m'entendent pas. Que leur ai-je fait ? Pourquoi me tourmentent-ils ? Que veulent-ils de moi, malheureux ? Que puis-je leur donner ? Je n'ai rien.* » Karadžić a un avantage décisif sur Alija : le physique. Il le sait bien, Izetbegović, qu'en dépit de son régime à la Claudia Schiffer il ne sera jamais aussi mignon que son rival. Mais, dans le domaine de la plastique masculine, il a un joker : BHL ! Les politiciens de la fin du XXe siècle sont de grandes cocottes dont CNN paie le loyer et Skynews les fournisseurs, surtout les politiciens des Balkans où, traditionnellement, l'objet de désir est l'homme, la femme étant un objet tout court.

Sur la scène qui a dû voir passer, depuis 1945, pas mal de troupes de danse foklorique, se succèdent des poètes serbes. Question fringues, rien de changé depuis 1990 – mais ils sont quand même moins gros qu'avant. J'aimerais bien comprendre ce qu'ils racontent. Pas-Narcissique n'est pas capable de traduire leurs interventions. Elle dit que ça va trop vite. De toute façon, j'émets des doutes sur son serbo-croate, parce que je le comprends couramment, alors que je ne le parle plus depuis dix ans.

Maintenant, c'est mon tour. Je sors mon papier, bien que je connaisse mon discours par cœur. C'est la première chose que je connais par cœur depuis... depuis... *Le Cantique des Cantiques* appris pendant les premiers jours de mon hépatite virale de 1973 [2]. Les lumières s'éteignent et tous les spectateurs me tournent le dos. Comment ont-ils deviné que mon intervention n'était pas à proprement parler pro-serbe ? Ces types-là ont un service de sécurité drôlement au point. Mais non, c'est simplement Karadžić qui a fait son entrée. « Simplement » n'est d'ailleurs pas le mot qui convient. Karadžić a une majesté triste et souriante qui rappelle Carl Gustav de Suède ou Juan Carlos d'Espagne. Il est

2. Voir *La Paresseuse*, Albin Michel éd. *(N.d.A.)*

trop grand pour un homme politique, car les gens sont petits. C'est un monarque féminin et désabusé, venu entendre de la poésie car il n'y avait rien d'intéressant ce soir à la télévision. C'est bien la peine d'avoir une antenne parabolique. Il doit être comme moi : Andrić lui casse les burnes. Crnjanski (« *Je suis assis sur une tombe. J'ai bien dormi. Quand je me suis réveillé, j'ai vu que j'avais dormi sur la fillette. Elle s'appelait Neve Benusi. Oui, elle gisait tranquillement sous terre. Elle a vécu treize ans. Ce fut ma nuit de noce la plus pure. Autour de nous, il y avait de sombres cyprès. J'étais joyeux et souriais. Au loin, les Alpes blanches et glaciales ; elles apparaissaient comme le bonheur, l'infini bonheur de la terre*[3]. »), c'est mieux. Ce mauvais goût *systématique* des Nobel. Hemingway à la place de Fitzgerald, Bounine à la place de Nabokov, Marquez à la place de Borges, Martin du Gard à la place de Drieu La Rochelle, Golding à la place de Greene, Morisson à la place de Bukowski, Simon

3. In *Journal de Carnojevic*, trad. Olga Markovic, L'Âge d'homme éd. (*N.d.A.)*

à la place de Gracq. Andrić à la place de Crnjanski. Nos Goncourt, à côté, c'est Baudelaire critique d'art. Karadžić porte une cape noire et une écharpe blanche. Dandy. Jean Ristat à la fête de l'*Huma*. Il est suivi de sa femme, psychiatre elle aussi. Couple d'acteurs maudits recevant chaque soir, avec indifférence, c'est-à-dire avec rien, l'Oscar de la haine. Pour mon premier discours politique, je me retrouve devant celui que le Département d'État considère comme le deuxième plus grand criminel de guerre vivant, le plus grand étant sans doute le Département d'État lui-même. Pas mal. Mais qui me dit que la réalité existe – et, si elle existe, qui me dit que je suis dedans ?

Voici mon discours de Višegrad (11 mars 1995), qui résume toute ma pensée concernant la guerre en Bosnie et met un terme à ce petit essai nullement destiné – ce serait le comble – à calomnier les Bosniaques, ni à faire de la peine à leurs thuriféraires français, ni même à soutenir l'effort de guerre de Radovan Karadžić, qui en aurait pourtant bien besoin, mais simplement à réclamer, de la part des journalistes et intellectuels du monde entier, un peu plus de sang-froid, d'objectivité, d'indépendance d'esprit et de compréhension humaine dans leur traitement du conflit : « *Je crois à l'amour, à l'amitié, aux enfants, au soleil, au style. Surtout au style.*

« *Je ne crois pas en Dieu, et donc pas au Diable non plus. Par conséquent, je ne pense pas qu'il existe sur terre un seul peuple qui ait partie liée avec le Diable. Ni le peuple serbe, ni aucun autre. Ma conviction est que des intérêts financiers, industriels et politiques poussent les peuples innocents à se haïr et à se détruire, pour le plus grand malheur de tous.*

« *Je ne suis pas venu ici pour vous dire quelque chose, raison pour laquelle mon discours ne sera pas long, mais pour vous écouter, tenter de vous comprendre et même de vous aimer comme mon pays, depuis soixante-dix ans, vous a aimés, et pour de fort belles raisons.* »

Composition P.C.A.
Bouguenais (L.-A.)
Impression réalisée sur CAMERON par
BRODARD ET TAUPIN
La Flèche
pour le compte des Éditions Ramsay
en mai 1995

Imprimé en France
Dépôt légal : mai 1995
N° d'impression : 6622 L-5
ISBN : 2-84114-033-4

50-1162-2